TCHOU-KIA-KIEN

# LE THÉATRE CHINOIS

ALBERT NACHBAUR
EDITEUR A PÉKIN
1927

# LE THÉATRE CHINOIS

IL A ÉTÉ TIRÉ DE CET OUVRAGE
500 EXEMPLAIRES NUMEROTÉS
A LA CHINOISE DE 一 A 五百

N° 

# LE THÉATRE CHINOIS

## L'ORIGINE

VERS quelle époque l'art dramatique a-t-il pris naissance en Chine ? L'histoire de ce pays ne nous le dit pas. Elle nous apprend seulement que l'empereur Ming-houang, des T'ang, qui a régné de 712 à 755 de l'ère chrétienne, avait à sa disposition une troupe de trois cents comédiens qu'il dirigeait et instruisait en personne dans le "Jardin des Poiriers". Les lettrés chinois sont d'accord pour dire que les plus anciennes pièces de théâtre, connues sous le nom de *Tchouan-k'i*, remontent à cette époque.

La même histoire nous rapporte un autre fait plus précis : durant la dynastie des T'ang postérieurs, l'empereur Tchouang-tsong, qui n'a régné que pendant trois ans (923-926), connaissait très bien la musique et les jeux de scène. Il se fardait et se déguisait pour jouer lui-même des pièces dans sa résidence privée, parmi les comédiens—ce qui lui a fait perdre d'abord son prestige aux yeux de ceux-ci, et ensuite sa vie, par l'attentat commis par un de ses comédiens favoris.

En raison de bouleversements politiques, l'art théâtral a subi une éclipse, qui s'est prolongée pendant un demi-siècle, jusqu'à l'avènement des Song.

Sous la dynastie des Song, qui est restée au pouvoir trois siècles durant, on a repris les anciennes traditions dans toutes les branches artistiques. Et le théâtre a recommencé sa vie normale. Les pièces dramatiques composées par les auteurs de cette époque sont connues sous la dénomination de *Hi-k'iu*.

Mais c'est sous les Yuan (dynastie mongole, 1280-1368) que l'art dramatique a pris un développement considérable. Malgré la courte durée de cette dynastie, les pièces écrites par les lettrés d'alors sont d'un nombre important et d'un style remarquable. Une collection contenant cent pièces de cette époque nous offre des chefs-d'œuvre dramatiques qu'on joue encore dans certaines parties de la Chine.

Ici, l'histoire du théâtre chinois enregistre une modification profonde. Car les pièces des T'ang, des Song et des Yuan représentent l'ancien théâtre chinois, et ce genre prend fin avec la chute des Yuan (1368). Je n'entreprendrai pas l'analyse de ces pièces. Je me bornerai à dire que chacune d'elles est composée de plusieurs actes dans lesquels le chant est mêlé au dialogue parlé et se joue sur une musique très savante. Dans la représentation de ce genre de pièces, le principal instrument de musique est la flûte en bambou.

Comme ce genre de théâtre est particulièrement apprécié des gens de la ville de K'ouen-Chan qui y excellent, on lui donne le nom de *K'ouen-K'iang* (Chant de K'ouen-Chan). Seulement, par son langage très littéraire et par sa musique très savante, il ne peut plaire qu'à un nombre restreint de gens cultivés. Ne pouvant pas intéresser le grand public, et par conséquent rester populaire dans le pays, il est bientôt remplacé sur presque toutes les scènes par un nouveau genre de théâtre plus accessible aux spectateurs de moindre culture. A l'heure actuelle, il n'existe plus en Chine qu'un seul théâtre où l'on joue encore le *K'ouen-K'iang*.

Le besoin d'amuser le grand public a fait naître, avec la dynastie des Ming (1368-1644), dans la ville de Houei-tcheou, d'où était sortie la famille impériale d'alors, le nouveau genre de théâtre qu'on appelle *Houei-tiao*. A partir de ce moment les pièces théâtrales sont devenues très courtes (généralement un acte), très peu littéraires, et se jouent sur une musique très bruyante. Le *Houei-tiao* a eu d'abord un grand succès et est resté populaire jusqu'au jour où, sous la domination des Mandchous (1644-1912), le *King-tiao* (Chant de Pékin) est venu prendre sa place. On peut dire qu'à partir de cette époque le *King-tiao* s'est répandu dans tout le pays et a été adopté par presque tous les théâtres.

Cependant, par suite des relations de plus en plus fréqnentes entre les Chinois et les Occidentaux, le théâtre de Chine, comme tous les arts en général, n'est pas sans subir quelque influence européenne ; le *Wen-ming-hi* (théâtre de civilisation) témoigne de cette influence. C'est une sorte de comédie à la manière européenne, tout en dialogue parlé, et qui se joue sans orchestre.

Cette nouvelle création est encore dans un état embryonnaire et n'a pas jusqu'à aujourd'hui pris une position bien ferme. Pourra-t-elle se développer ? Prendra-t-elle un essor comme les autres genres ? C'est ce que l'avenir nous dira. Pour le moment, disons que le seul genre dramatique qui soit en vogue en Chine est encore le *King-tiao*.

Aussi celui-ci fera-t-il le seul objet de notre étude dans la suite.

## LES THÉATRES

En Chine, il existe des théâtres publics un peu partout. Dans les grands centres, comme Pékin, Shanghai, etc., leur nombre est de 4 à 6. Leur construction est très simple et ne comporte pas, sauf quelques ornements de façade, une architecture extérieure spéciale. Tous les théâtres vraiment chinois ont le même aspect. On croirait volontiers qu'ils ont été construits d'aprés un seul plan plus ou moins agrandi. L'entrée principale est une grande porte à deux battants. Elle est surmontée d'un arc de triomphe en bois peint en rouge, avec le nom du théâtre inscrit au milieu, en caractères dorés. Cette inscription est éclairée, le soir venu, par des lampes électriques. Quelques théâtres plus modernes se servent de l'enseigne lumineuse. A droite et à gauche de la porte, de grandes affiches rouges aux caractères noirs sont collées sur les murs. Ce sont les programmes des représentations du jour et des jours suivants.

Quand on a passé la porte principale, on pénètre, par une seconde porte du vestibule, dans une salle spacieuse et presque carrée, pouvant contenir 700 à 800 spectateurs. La scène est au fond de la salle, contre le mur, faisant face à l'entrée. Elle est presque carrée, haute de deux mètres environ. On y voit deux grosses colonnes en bois peint en rouge. Elles sont couvertes d'inscriptions poétiques. Chacune d'elles s'élève d'un angle du devant de la scène jusqu'à une hauteur de 10 mètres environ pour supporter une voûte en forme de dais qui couvre tout le haut de la scène, jusqu'au mur. Les trois côtés de cette voûte sont entourés d'ouvrages de boiserie sculptée et peinte. La scène est bordée de balustrades en bois peint or et rouge. Au fond de la scène, deux portes sont percées dans le mur, une à droite, une à gauche. Chacune d'elles est couverte d'un rideau de soie brodé et orné de petits miroirs très brillants. La tradition veut que les acteurs entrent en scène par la porte de droite et qu'ils se retirent par la porte de gauche. Tout le mur du fond de la scène est couvert de tentures de soie brodées et ornées de miroirs. Contre le pan de mur qui se trouve entre les deux portes de la scène se place l'orchestre.

La scène est couverte de tapis et garnie de tables, chaises, bancs, coussins, etc... Suivant les péripéties qui se déroulent dans les pièces représentées, on change de tapis et la disposition des meubles. Et cela se fait sous les regards des spectateurs, car dans un théâtre vraiment chinois, le rideau de la scène est une chose inconnue.

Le toit d'un théâtre est plat. Sa partie centrale est surélevée et entourée de vitres. Ce qui fait que la salle est suffisamment éclairée dans la journée. Sur les côtés latéraux de la salle se placent des galeries. Celles du premier étage sont divisées en loges. Chaque loge contient 8 à 10 personnes.

Là se trouvent les meilleures places. Les galeries latérales du rez-de-chaussée sont garnies de bancs, sur lesquel s'asseyent les spectateurs modestes. En face de la scène, au-dessus de l'entrée, une autre galerie se place au premier étage. Deux escaliers en bois, un à droite et un à gauche de l'entrée, conduisent les spectateurs aux loges. Entre la scéne et l'entrée se trouve le " tch'eu-tseu " (parterre). Il est garni de chaises, de bancs et de tables (nous expliquerons pourquoi il y a des tables).

La salle était autrefois éclairée avec des lampes a pétrole. Mais depuis une quinzaine d'années, l'éclairage au gaz ou à l'électricité est installé daus les grands théâtres. Seuls, l'usage des jeux de lumiere, l'emploi ingénieux des projecteurs que nous ont révélé il y a une vingtaine d'années la science et l'art de la mise en scène moderne, y restent encore ignorés.

## LE DOUBLE ROLE D'UN THÉATRE

Aux yeux des Chinois, le théâtre n'est pas seulement un lieu d'amusement public, c'est aussi un lieu d'enseignement moral pour les ignorants. Il a donc un double rôle à remplir, c'est-à-dire amuser la foule tout en l'instruisant.

En tant que lieu d'amusement, il ne tient pas les spectateurs à la rigueur d'un lieu de cérémonie et leur laisse certaines libertés inconnues dans un théâtre européen.

Ainsi voit-on les spectateurs fumer, boire du thé, manger des gâteaux, fruits, etc., et même prendre leur repas pendant les spectacles; ce qui explique l'utilité des tables qui sont installées dans la salle de théâtre.

En tant que lieu d'enseignement moral, le théâtre doit stimuler les sentiments vertueux en faisant revivre sur la scène les grands événements historiques qui ont trait à la bravoure, au patriotisme, à la fidélité, au dévouement, etc.; il doit blâmer tous les vices en montrant les punitions que se sont attirées les traîtres, les malfaiteurs, les ingrats, les femmes infidèles, etc., et critiquer les mœurs ridicules de la société au moyen des pièces satiriques.

Pour en donner une idée précise aux lecteurs européens nous donnons ci-dessous les résumés de deux pièces qui sont très connues en Chine.

### *I.—Le Père qui abandonne son Fils pour sauver son Neveu.*

Voici le thème de cette pièce : Lors d'une invasion des barbares dans une province chinoise, Ts'ouei dut quitter son village à la hâte, en fuyant avec sa femme, son fils et son neveu qui était orphelin de père et dont la mère était absente.

Comme les enfants étaient très jeunes tous deux et incapables de courir, Ts'ouei dut les porter à tour de rôle (car sa femme ne pouvait se charger d'un tel fardeau) Cependant, malgré la peine qu'il se donnait, on n'avançait pas vite ; car toujours celui des enfants que l'on laissait par terre ne voulait pas marcher et pleurait amèrement. Comment faire ? Les barbares pouvaient arriver d'un moment à l'autre. Pour ne pas tomber tous dans leurs mains, il fallait prendre une résolution rapide. Alors Ts'ouei conçut dans son âme généreuse l'idée de faire un sacrifice en faveur de son frère défunt, et il parla à sa femme en ces termes : "Il faut que nous abandonnions notre fils, car mon frère n'a pas d'autres enfants que notre neveu pour continuer dans sa famille les offrandes aux ancêtres, nous devons donc le sauver. Et notre fils, sera peut-être sauvé par quelqu'un. Dans le cas où il serait mis à mort... O ciel ! Console-toi, ma femme, nous sommes assez jeunes pour que le ciel nous en donne un autre." La mère, avec un cœur meurtri, dut consentir à faire ce sacrifice.

Sur le bord de la route il y avait un jardin de mûriers. L'idée vint au père d'attacher son fils sur un mûrier, pour qu'il pût se nourrir de mûres dans le cas où il ne serait pas immédiatement sauvé par les passants. Ils se rendirent tous dans le jardin. Ts'ouei fait monter son fils sur une branche de mûrier pour cueillir des mûres et il l'y attache solidement avec sa ceinture. Il arrache un morceau de doublure de sa robe, se mord un doigt pour en faire sortir du sang, avec lequel il écrit quelques mots sur le morceau de soie. Il laisse ensuite ce billet sur l'enfant, dans son vêtement.

Au loin on entendait déjà des cris de guerriers. Il fallait se séparer. Quelle scène pathétique ! Le père était affligé, la mère inondée de larmes, le fils poussait des cris de douleur sur l'arbre. Au moment où Ts'ouei allait prendre son neveu pour partir, celui-ci se roula par terre, demandant que l'on détachât son cousin qu'il ne voulait pas quitter.

Ts'ouei et sa femme durent emmener leur neveu de force et quitter leur fils la mort dans l'âme.

Le hasard voulut que la belle-sœur des Ts'ouei, c'est-à-dire la mère de l'enfant qu'ils avaient sauvé, prit la même route qu'eux en fuyant devant l'invasion. En passant à côté du jardin des mûriers, elle entendit des cris d'enfant. Elle entra dans le jardin et sauva son neveu.

Or, l'invasion fut bientôt repoussée. Et les deux familles Ts'ouei eurent la joie de se retrouver tous vivants.

*II. — La punition d'une femme infidèle.*

Cette pièce se rapporte à Tchou Mai-tch'eng, lettré très connu dans l'histoire de Chine. Avant de devenir un personnage important, il était si pauvre qu'il abattait du bois pour gagner sa vie sans toutefois interrompre ses études. Sa femme, très ambitieuse et incapable de partager avec lui cette vie misérable, lui exprima à plusieurs reprises le désir de se séparer de lui.

D'abord, le mari la retenait en lui disant qn'il ne serait pas toujours pauvre, que sa valeur de lettré ne resterait pas longtemps ignorée de ses compatriotes, et qu'enfin il espérait réussir au prochain concours officiel pour obtenir une charge publique Cependant la femme était bien résolue à partir. Et malgré les efforts du mari pour la détourner de sa décision, en lui montrant combien il était affligé de se voir séparé d'elle, elle le quitta sans regrets. Elle devint ensuite la femme d'un commerçant du pays, avec qui elle ne fut guère plus heureuse : car le nouveau mari ne la traitait pas avec douceur.

Or, quelque temps après cet incident de famille, Tchou Mai-tch'eng se rendit à la capitale pour participer au concours officiel. Il y réussit avec tant d'éclat que l'empereur lui conféra la charge de préfet de sa ville. Il revint donc dans son pays en char de magistrat et entouré de serviteurs. Son ancienne femme, ayant appris cette nouvelle, vint se prosterner devant son char, pour lui demander pardon et le prier de la reprendre. Le magistrat, très calme, lui parla en ces termes : " Tu m'as quitté parce que j'étais pauvre, tu reviens vers moi parce que je ne le suis plus. Ne sais-tu pas qu'une femme qui a abandonné son mari est comme l'eau qui s'est répandue sur le sol, on ne peut plus la recueillir ? "

Il fit alors apporter un bol d'eau par un serviteur. Il la versa sur le sol et dit à l'infidèle : " Je te reprendrai si tu peux recueillir cette eau qui est répandue sur le sol. "

Devant cette impossibilité, elle s'en alla remplie de honte et de regret. Elle se tua peu de temps après.

## DES ACTEURS ET DES ACTRICES

En Chine il n'y a pas d'école pour l'enseignement du chant, de la déclamation et de la musique. Les acteurs sont tous formés par les soins d'un vieux comédien ou d'un directeur de troupe de comédiens. Les jeunes gens qui se destinent à la carrière théâtrale sont ordinairement des enfants de familles pauvres. Ils sont soumis chez leur maître à une discipline très sévère.

L'apprentissage consiste pour chacun d'eux à apprendre par cœur un certain nombre de rôles ; à chanter et à déclamer pour les uns, à manier les armes en bois et à faire de l'acrobatie pour les autres. La durée de leur apprentissage varie de quatre à six ans. Comme durant toute cette période le maître doit généralement subvenir aux besoins de ses élèves, il n'est que juste que ceux-ci, l'apprentissage terminé, travaillent gratuitement pour le bénéfice du maître, pendant une durée équivalente à celle de leur apprentissage. Après cet acquittement de dette, les élèves sont libres de s'engager où bon leur semble.

Au point de vue social, les comédiens sont des indignes. Cela vient de ce qu'ils sont le plus souvent de basse extraction, et, par cette raison, ils sont classés hors des rangs de la société. C'est plutôt le vice de leur naissance qui les rend méprisables que le fait qu'ils jouent un rôle sur la scène. Autrement, on concevrait mal pourquoi les anciens empereurs que j'ai déjà cités se seraient amusés dans les jeux du théâtre, si ceux-ci devaient avilir les êtres humains.

En ce qui concerne les actrices, les annales chinoises nous apprennent que, pendant le règne des empereurs mongols, les femmes jouaient la comédie, mais qu'au XVIIIe siècle leur apparition sur la scène fut interdite par un décret, après que l'empereur K'ien-long eut admis une actrice au nombre de ses concubines. Depuis lors et jusqu'en 1900, les théâtres chinois furent privés d'actrices, et les rôles de femmes furent remplis par de jeunes garçons (je reviendrai sur ce point dans la question du travesti).

On peut cependant citer la troupe de comédiennes (composée uniquement de femmes) qui s'est formée, il y a une quarantaine d'années, dans la ville de Shanghai, et qui jouait dans un théâtre qu'on appelle " Mao-eul-hi " (théâtre des chattes ; il existe encore). Seulement, dans ce théâtre, les rôles d'hommes sont remplis par des femmes ; et ce n'est qu'à partir de 1900 que les actrices purent de nouveau apparaître sur la même scène et dans les mêmes pièces que les acteurs. Seulement leur admission, à l'heure actuelle, n'est pas encore générale, car certains théâtres préfèrent se passer de leur concours.

Ainsi, parmi les théâtres chinois, tous dits à la pékinoise, on distingue trois groupes. Les théâtres du premier groupe n'admettent que les acteurs ; ceux du deuxième groupe n'admettent que les actrices ; et ceux du troisième admettent les uns et les autres.

Signalons toutefois le fait bizarre que, dans le premier groupe, les rôles de femmes sont joués par des hommes, tandis que, dans les théâtres du deuxième groupe, les rôles d'hommes sont joués par des femmes, et que, dans ceux du troisième groupe, certains rôles de femmes, les plus difficiles, sont encore tenus par des hommes.

Dans chaque théâtre il y a deux catégories d'acteurs : ceux qui composent la troupe permanente et ceux qui ne sont engagés que pour un temps très limité. Ceux-ci sont généralement des " étoiles ". Comme les acteurs célèbres ont des engagements partout, ils ne séjournent pas dans une seule ville. Ils sont généralement très capricieux et ne figurent pas fréquemment dans les représentations, même quand le théâtre leur appartient.

## L'ORCHESTRE ET LA MUSIQUE

Comme toutes les pièces sont accompagnées de musique, l'orchestre est une chose indispensable dans un théâtre chinois. Il est composé de 8 à 10 musiciens. Les principaux instruments de musique sont les suivants : les violons à deux cordes, le tambour, les tam-tams, le " pan-kou " (sorte de tambour à son très sec), la clarinette, les castagnettes, les cymbales, la flûte, la guitare, la mandoline, le " hien-tseu " (longue mandoline à 3 cordes, couverte de peau de serpent) et le " pang-tseu " (un morceau de bois creux qu'on frappe avec une baguette).

Il va sans dire qu'on ne fait pas résonner tous ces instruments à la fois. Les instruments métalliques, le tambour et le " pan-kou " servent à accompagner les actions

## LE INSTRUMENTS DE MUSIQUE

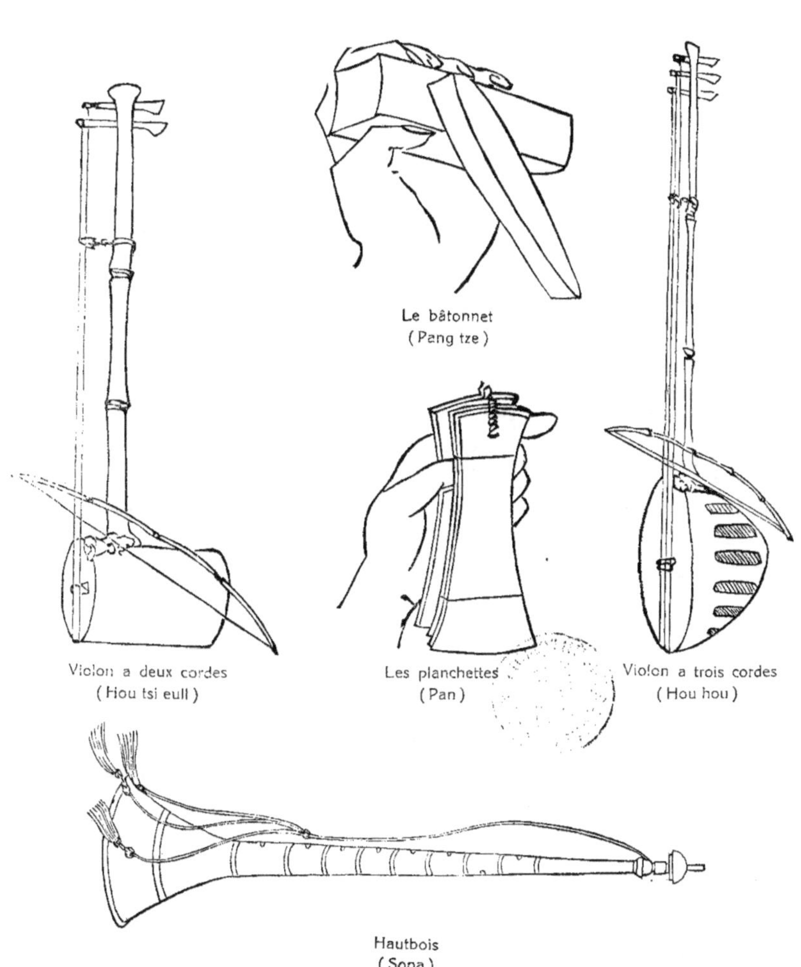

Le bâtonnet
(Pang tze)

Violon a deux cordes
(Hou tsi eull)

Les planchettes
(Pan)

Violon a trois cordes
(Hou hou)

Hautbois
(Sona)

militaires, les scènes de mouvements violents et à marquer les paroles et gestes des personnages à qui on veut donner de l'importance. Les instruments à cordes servent à accompagner tous les chants, et les instruments à vent n'entrent en action que quand on représente une scène de mariage ou de réception. Celui qui manie le " pan-kou " et souvent les castagnettes à la fois, est le chef de l'orchestre; c'est lui qui marque la mesure et règle la marche de la musique. Mais, de tous les musiciens, c'est le violoniste qui a le rôle le plus important, car c'est lui qui accompagne les chanteurs.

Le dernier instrument que j'ai indiqué dans la liste ci-dessus, c'est-à-dire le " pang-tseu ", est un instrument très spécial. Il n'entre en jeu que quand le personnage qui est sur la scène chante en " pang-tseu ", genre de chant qui a pris naissance dans le Chen-si (province de Chine) et qui s'est introduit dans les théâtres dits de " king-tiao " depuis une trentaine d'années et y reste admis. Ainsi, il ne faut pas s'étonner d'entendre sur la même scène chanter quelques pièces en " king-tiao " (chant de Pékin) et quelques autres en " pang-tseu ", ou encore chanter la même pièce de deux façons différentes. En réalité, cela ne change rien au fond des pièces. Le fait qu'une pièce est chantée à la mode de Pékin ou à la mode de Chen-si n'apporte aucune modification aux scènes, aux décors et aux personnages. Il faut remarquer seulement que la musique de Pékin, qui est plus nette, plus mâle, convient plutôt aux rôles d'hommes; tandis que la musique de Chen-si, qui est plus trainante, plus langoureuse, convient plus particulièrement aux rôles de femmes.

## LES COULISSES, LA DISCIPLINE ET LES SUPERSTITIONS CHEZ LES COMEDIENS

Les coulisses d'un théâtre chinois ne sont séparées de la scène que par un pan de mur. C'est un lieu dont l'accès est rigoureusement interdit au public. On ne peut y pénétrer qu'après avoir obtenu une autorisation spéciale.

Quand on a franchi l'entrée des artistes, située derrière le théâtre, on se trouve immédiatement dans les coulisses. C'est une grande salle rectangulaire remplie de tables, caisses, armes en bois, drapeaux et toutes sortes de décors pour la scène. Ses murs sont couverts de masques, perruques, fausses barbes, chapeaux et costumes de tous genres et de différentes époques. Au milieu de la salle, près des fenêtres, se place une grande table chargée de boîtes à fards, de miroirs et de pinceaux. C'est là que les acteurs se maquillent et se déguisent.

Aux heures des représentations, cette salle est extrêmement animée. Tous les acteurs qui doivent jouer y sont réunis. Les uns, tous costumés, se tiennent à proximité de l'entrée de la scène pour paraître tout de suite, ou se promènent de long en large en attendant patiemment leur tour. Les autres, leur rôle terminé, rentrent pour se déshabiller et se laver. Ceux-ci se fardent et se déguisent en femmes Mais peu à peu les traits se transforment, les visages naturels s'effacent sous les couleurs, le sexe originaire disparaît sous le déguisement.

Dans ce lieu où toute la troupe d'un théâtre doit s'assembler, les comédiens sont soumis à une discipline très sévère. Ils ont chacun leur siège, c'est-à-dire une grande caisse en bois peint, dans laquelle ils rangent leurs effets. A l'exception des comiques—à qui on accorde certains privilèges — il leur est strictement interdit de plaisanter entre eux. Et l'acteur qui joue les rôles de femme de mœurs légères ne peut jamais s'asseoir sur le siège d'un autre comédien sans entendre des paroles désobligeantes : car celui-ci attribue à ce fait une influence néfaste pouvant lui attirer des malheurs.

Pour montrer jusqu'à quel point les comédiens chinois sont superstitieux, il me faut donner un autre exemple. Contre le mur qui sépare les coulisses de la salle des spectacles, se place un objet qu'on ne montre jamais sur la scène, et dont le public ne soupçonne guère l'existence. C'est une statue en bois présentant l'apparence d'un enfant. Quel est ce personnage ? Est-ce une divinité ? La réponse ne peut être qu'affirmative, puisque les acteurs lui offrent tous les jours des parfums et ne montent jamais sur la scène sans lui avoir rendu hommage.

Cette idole — appelée vulgairement " Lang-lang-p'ou-sa " — est vénérée par tous les acteurs chinois comme une divinité protectrice de leur corporation. Mais malgré sa popularité et son influence acquises dans le monde des comédiens, l'origine de ce personnage reste très obscure. Les gens bien informés affirment que ce n'est autre que l'empereur Tchouang-tsong — dont j'ai déjà parlé — qu'on veut représenter ; car de son vivant il avait toujours protégé les comédiens, et ceux-ci, après sa mort tragique, l'auraient déifié en signe de reconnaissance.

## LES REPRÉSENTATIONS

Dans tous les théâtres chinois permanents on donne deux spectacles par jour : l'un dans l'après-midi et l'autre dans la soirée. Chaque spectacle comporte un programme spécial, et chaque programme présente une série de petites pièces de nature différente. Cela permet aux spectateurs de revenir très souvent au théâtre.

Dans un théâtre à la mode de Pékin, la représentation proprement dite est toujours précédée d'une scène de pantomime connue sous le nom de " T'iao-kia-kouan " (danse de Kia-Kouan).

Le mime, portant un masque blanc et habillé en dignitaire antique, exécute d'abord une danse au son de la musique. Il vient ensuite présenter, avec des gestes, ses vœux de bonheur aux spectateurs. Cette scène, étant de tradition, ne figure jamais sur les programmes.

La première pièce figurant au programme n'est jamais intéressante. C'est généralement une pièce d'attente, un lever de rideau d'une parfaite banalité.

A vrai dire, le spectacle ne commence qu'avec la deuxième pièce. Le programme est habituellement bien établi. On voit rarement jouer, au cours de la même représentation, deux pièces de même caractère : car on a toujours le soin de faire succéder le gai au triste, le bruyant au monotone, l'action au chant. En un mot, on cherche partout la variété et le contraste.

Voici un spécimen de programme de théâtre qui donnera une idée beaucoup plus précise sur les représentations qu'une longue explication abstraite et ennuyeuse. Je ferai ensuite une analyse des pièces qui y figurent.

*PROGRAMME*

*I. — La Famille heureuse.*

*II. — Le Mariage d'un idiot.*

*III. — La Jeune Veuve au Cimetière.*

*IV. — Scène acrobatique.*

*V. — Le Sacrifice au Fleuve Bleu.*

*VI. — Le Retour clandestin du Général Yang chez sa mère.*

*VII. — Choui-lien-tong (pièce mythologique).*

## ANALYSE DE CES PIÈCES :

*I. — La Famille heureuse.*

J'ai déjà dit pour quelle raison cette pièce ne pouvait être intéressante. En effet, ce n'est qu'une scène mythologique très banale où l'on voit apparaître les dieux de la longévité, de la richesse, de l'honorabilité, etc. Mais elle est très décorative par le grand nombre des personnages en scène et par la richesse des costumes très variés ; et, à ce point de de vue, elle mérite d'être vue.

*II. — Le Mariage d'un idiot* est, comme l'indique le titre, une pièce bouffonne qui fait rire les spectateurs durant toute la représentation. Le titre me dispense de donner un commentaire plus étendu de la pièce-

*III. — La Jeune Veuve au Cimetière* n'est pas non plus une histoire triste. C'est simplement une scène de badinage. Voici le résumé :

Le lettré Liou était allé à la capitale pour se procurer une charge officielle. Sa femme était restée dans leur ville natale. Par suite des guerres civiles, la femme resta sans nouvelles de son mari pendant plusieurs années. Croyant qu'il était mort au cours des troubles, elle fit construire pour lui un tombeau fictif sur lequel elle allait le pleurer.

Or, un jour qu'elle se lamentait sur cette tombe imaginaire, le nouveau gouverneur de la ville, arrivé de voyage, passa près du cimetière. Son attention étant attirée par les lamentations douloureuses de la femme, il envoya un de ses serviteurs pour s'informer s'il ne s'agissait pas là de quelque affaire d'injustice.

Le serviteur revint avec la veuve. Elle avait à se plaindre devant le magistrat. Elle voulait que celui-ci vengeât son mari qu'elle supposait assassiné par quelque bandit. Le gouverneur écoutait avec intérêt les plaintes de la veuve, en dissimulant sa joie. Mais finalement la femme reconnut son mari en la personne du magistrat et se mit à taquiner le gouverneur en jouant avec son chapeau et ses insignes, à la grande surprise des serviteurs du fonctionnaire. La pièce finit par une danse comique.

*IV.*—La " scène acrobatique " se passe de commentaire.

V.—*Le Sacrifice au Fleuve Bleu* est une pièce historique. On y voit la sœur de l'empereur des Wou pleurant son mari (futur empereur des Chou) qu'elle ne pouvait plus revoir à cause de la rivalité politique entre son mari et son frère. Tout le mérite de cette pièce consiste en chant.

VI. — *Le Retour clandestin du Général Yang chez sa mère* est un épisode de guerre de la fin des Song, époque où la Chine était constamment en guerre avec les barbares du Nord.

Le général Yang, prisonnier des Tartares, n'avait aucun espoir de revoir la Chine, les coutumes de guerre de cette époque étant inflexibles. Il avait pour épouse une fille du chef tartare qui lui avait donné un fils. Étant le gendre du chef de l'État, il était très bien traité. Et il aurait pu être tout à fait heureux sans la pensée que sa mère, déjà vieille et seule en Chine, soupirait à le revoir. Sans oser le dire à personne, il rêvait de faire un voyage en Chine. Son désir devenait si ardent que sa femme s'aperçut de sa tristesse et lui en demanda la cause. Quand le général Yang lui avoua son désir secret, la femme lui promit de l'aider dans son entreprise.

Il s'agissait d'obtenir par ruse une de ces plaques en forme de flèche dorée, qui servaient de laissez-passer pour pouvoir franchir la frontière militairement gardée.

Un jour que la princesse était dans le cabinet du chef de l'État, avec son bébé dans les bras, tout à coup l'enfant se mit à pleurer.

" Pourquoi pleure-t-il ? demanda le chef. — Parce que, dit la princesse, je ne le laisse pas jouer avec vos *flèches dorées*. " Comme le chef aimait tendrement son petit-fils, il prit lui-même une de ces *flèches dorées* et la mit dans les mains de l'enfant, loin de se douter d'un stratagème de la part de sa fille. A ce moment, quelques généraux entrèrent pour parler au chef. La princesse profita de cette occasion pour se retirer avec l'enfant tenant la flèche.

Le général Yang, qui n'attendait que ce laissez-passer pour partir, se mit en route dès le soir même, après avoir promis à sa femme de revenir dans quelques jours. Sur un coursier rapide et suivi d'un serviteur fidèle, il arriva chez sa mère sans aucun incident.

Inutile de décrire ici la scène pathétique de l'entrevue inespérée de la mère et du fils ; je dirai simplement que quelques jours après le départ du général Yang, le chef tartare réclama la flèche emportée par son petit-fils. La princesse ne pouvant pas restituer la flèche, allait être gravement punie, car le voyage clandestin de son mari avait été révélé par les officiers de la frontière. Heureusement que le général Yang, qui était un homme d'honneur, revint à brides abattues. Il avoua le motif de son voyage à son beau-père. Celui-ci en fut si profondément touché qu'il lui accorda l'autorisation de revoir sa mère quand bon lui semblerait.

*VII.—Choueï-lien-tong* est une pièce mythologique dans laquelle on voit des dieux livrant bataille à un génie qui a un corps de singe.

## LES PERSONNAGES DES PIÈCES

Pour faciliter la compréhension de ce qui va suivre, surtout en ce qui concerne le maquillage et le travesti, il me faut dire un mot des personnages traditionnels des pièces. Je dis traditionnels, parce que les personnages du drame chinois sont désignés par des termes qui indiquent leur rôle d'emploi. Ces désignations sont générales ou spéciales.

Les désignations générales sont au nombre de cinq, à savoir :

*Chen*, personnage mâle sans maquillage, excepté dans les rôles mythologiques (voir plus loin la signification spéciale du maquillage) :

*Tsing* ou *Hoa-Lien* (visage fleuri), personnage mâle maquillé ;

*Tan*. personnage féminin sans maquillage ;

*Mo*. personnage mâle, âgé et sans maquillage, rôle secondaire ;

*Tch'eou*, personnage comique des deux sexes, toujours maquillé.

Les désignations spéciales sont en grand nombre. Il est superflu de les énumérer ici, et il me suffit d'indiquer que le *Tsing* et le *Tch'eou* sont toujours maquillés et que le *Chen* ne se maquille que dans les rôles militaires mythologiques. Les lecteurs verront dans la suite les différentes sortes de maquillages.

## LES COSTUMES ET LES PARURES DE SCÈNE

Comme les drames chinois peuvent se rapporter à des époques très différentes et être tirés de sources très diverses, les costumes que portent les personnages de ces pièces sont extrêmement variés. Ils se divisent en trois catégories :

1° Costume national ancien ;

2° Costume national moderne ;

3° Costumes étrangers.

Les costumes de la première catégorie sont de beaucoup les plus intéressants, aussi les acteurs les revêtent-ils habituellement sur la scène. Ces costumes feront donc seuls l'objet de ce chapitre ; ils sont en effet d'une rare magnificence et jouent un rôle important aux yeux des spectateurs ; par la variété de leurs couleurs et la richesse de leurs ornements, ils compensent avantageusement la pauvreté des décors de la scène qui sont d'un nombre trop limité.

Voici les trois éléments constitutifs de la beauté d'un costume de scène : la soie, la broderie et les ornements métalliques.

Dans un grand théâtre chinois, tous les costumes de scène sont en soie, et la plupart ornés de broderie et de miroirs métalliques. La détermination des conditions et des rangs sociaux des personnages ne s'établit pas par la richesse plus ou moins grande du tissu, mais par le style, la couleur et la forme des vêtements. Ainsi, un mendiant peut porter sans inconvéninent une robe de soie, mais cette robe doit être confectionnée à l'aide de petites pièces multicolores.

Du fait que les couleurs jouent un rôle très important dans la distinction des conditions et des rangs sociaux des personnages et qu'elles servent en outre à marquer les circonstances de la vie, il est indispenseble que j'en indique les significations traditionnelles.

Le rouge symbolise la joie, la dignité ;

Le blanc est réservé au grand deuil ;

Le noir est réservé au petit deuil, symbole de la sévérité, de la condition humble ;

Le jaune, symbole de la famille impériale, des religieux et des vieilles femmes ;

Le bleu, symbole de la simplicité et de l'honnêteté ;

Le vert, couleur des concubines et des servantes ;

Le rose, couleur de la gaieté, de la légèreté.

Il est entendu que ces indications sont loin d'être complètes et ne représentent qu'une règle générale dans l'emploi des couleurs, et que je n'y ai pas tenu compte des cas d'exception qui sont si fréquents qu'il est impossible de les mentionner intégralement. Si les personnages historiques ou légendaires ont leurs couleurs et leurs costumes déterminés, ce sont les romans — source principale des drames chinois — qui nous fournissent les indications précises ; et les acteurs n'osent jamais s'en écarter.

Avant d'entrer dans l'étude des différentes sortes de costumes anciens, il faut d'abord, pour faciliter notre tâche, diviser les personnages des pièces selon les quatre catégories suivantes :

1° Personnage mâle civil ;

1° Personnage mâle militaire ;

3° Personnage féminin civil ;

4° Personnage féminin militaire.

Les personnages mâles civils portent une longue robe très large, en forme de kimono, qui descend jusqu'à une hauteur de 30 cm. du sol, et dont un pan est ramené et rattaché sous le bras droit. La couleur de cette robe (avec ou sans ornements) varie suivant les conditions sociales du personnage représenté et les circonstances dans lesquelles il doit se trouver. Exemple :

Un domestique porte une robe noire, des manchettes blanches, une ceinture jaune, des bottines et un pantalon noirs, et un bonnet octogonal de même couleur, écrasé sur le côté.

Un simple particulier porte une robe bleue avec des manchettes blanches sans ornement brodé et sans ceinture, un bonnet noir droit, un pantalon bleu et des bottes en satin noir.

Un jeune bachelier porte une robe blanche ornée de fleurs roses brodées et munie de manchettes blanches, un chapeau bicorne de la même couleur et également brodé, un pantalon non apparent et des bottes en satin noir.

Un sous-préfet porte une robe bleue avec des manchettes blanches, une ceinture ornée de jade blanc, un chapeau de magistrat (toujours noir) avec deux pattes retombant sur les épaules, un pantalon non apparent et des bottes de satin noir.

Un gouverneur de province porte une robe rouge avec des manchettes blanches, une ceinture ornée de jade blanc, un chapeau de magistrat, des bottes de satin noir.

Un empereur porte une robe jaune brodée de dragons or et garnie de manchettes blanches, une ceinture garnie de jade, un diadème d'or ciselé et des bottes en satin noir.

Les personnages mâles militaires se divisent en :

*a*) Le guerrier à cheval ;

*b*) Le guerrier à pied.

Le premier est toujours coiffé d'un casque, vêtu d'une robe de combat garnie de plaques métalliques, et porte souvent quatre petits drapeaux fixés sur le dos, les hampes dépassant ses épaules. Sa robe et ses drapeaux sont toujours d'une même couleur.

Le guerrier à pied est coiffé d'un chapeau de soie octogonal orné de pompons (rouges, roses ou bleus) et de miroirs ; vêtu d'une espèce de redingote très serrée et bien boutonnée, tombant un peu plus bas que la taille et laissant voir un pantalon assorti ; et chaussé de bottes de satin noir ; il porte une ceinture de soie, nouée pas devant et laissant pendre jusqu'aux genoux ses deux extrémités ornées de franges.

Tous ces guerriers portent souvent, en dehors des combats, une grande cape de soie d'une couleur très vive ornée de broderie or ou argent.

Les personnages féminins civils portent une robe moins longue et moins large que celle des hommes et une jupe couvrant un pantalon dont on voit les extrémités inférieures. Seules, les femmes de basse condition ne portent pas de jupe. Une servante porte toujours un long gilet couvrant une jaquette très serrée ; le gilet est maintenu par une ceinture de soie pendante.

Les femmes guerrières se divisent aussi en deux catégories : la guerrière à cheval et la guerrière à pied.

La guerrière à cheval est vêtue d'une longue robe de combat analogue à celle du guerrier, mais plus petite. Elle porte sur la tête une sorte de diadème garni de petits miroirs.

Derrière son dos se redressent deux plumes de faisan, et deux queues de renard descendent chacune d'un côté du cou pour pendre devant la poitrine.

Le costume d'une guerrière à pied est très simple. Il se compose d'une veste boutonnée et très serrée et d'une jupe à plis garnie de flots de ruban.

En ce qui concerne les coiffures de scène, je fais grâce aux lecteurs d'une description aussi longue que fastidieuse : car cette question seule pourrait me retenir très longtemps. Je dirai simplement que les hommes seuls portent des chapeaux extrêmement variés, tandis que les femmes ne se garnissent la tête que d'ornements comme diadème, fleurs, rubans et bijoux, en laissant voir une partie de leurs cheveux

## LE MAQUILLAGE ET LE TRAVESTI

Le simple fait de se poudrer la figure et d'appliquer du bleu autour des yeux, du rouge aux lèvres et aux joues est un procédé connu de tout le monde et utilisé par tous les acteurs, Il ne me paraît pas assez intéressant pour être traité ici. Le maquillage dont je veux parler est d'un genre tout particulier. On peut dire que c'est une sorte de *masque en couleurs* peint à même le visage. Je n'entreprendrai pas d'étudier son origine qui ne me paraît pas être autre chose que le masque proprement dit.

L'avantage du *masque peint* sur le masque proprement dit réside dans le fait que les couleurs étalées sur le visage n'entravent pas la diction.

Le *masque peint* peut être de couleurs très différentes, unies ou combinées. On peut tirer quelque signification de l'emploi de la couleur de ces masques, mais pas toujours ; exemple :

Masque blanc, un homme d'État perfide ;

Masque rouge, un homme droit ;

Masque noir, un homme sévère ou brutal.

Il y en a bien d'autres qui ne donnent aucune signification.

Pour se maquiller, les acteurs doivent suivre les indications traditionnelles déterminant la physionomie des personnages représentés. Ces indications sont purement théâtrales et ne se trouvent mentionnées dans aucun livre. Elles sont en outre traditionnelles et classiques, parce qu'elles sont transmises du maître à l'élève et qu'aucun acteur n'ose s'en écarter.

D'ailleurs les vieux amateurs de théâtre les connaissent bien, et ne toléreraient pas la moindre infraction aux règles du maquillage traditionnel des personnages. Un acteur qui commettrait une faute de ce genre serait sûrement accueilli par des huées, tant les spectateurs sont intransigeants et sans pitié !

Je dois faire remarquer en passant que le maquillage des *chen* et des *tsing* couvre entièrement la figure ; tandis que celui des *tch'eou* (comiques) n'est que partiel.

Quand un *tch'eou* joue un rôle de belle-mère comique, il monte sur la scène avec la figure couverte d'une épaisse couche de poudre, les joues sanguines, une coiffure de campagne, un costume démodé et des chaussures grandes et larges en forme de petits bateaux.

Dans les rôles féminins non comiques, le travesti est une chose très difficile ; car il s'agit là d'imiter les petits pieds de femme. Pour cela les acteurs spécialistes de ces rôles (les *tan*) se chaussent d'une paire de pieds en bois, attachés à la pointe des pieds. Ainsi ces acteurs doivent se tenir pendant toute la durée de leur rôle dans la position d'une danseuse qui fait des pointes.

Cet exercice d'équilibre devient encore plus difficile dans le rôle d'une femme guerrière, car l'acteur doit y exécuter des bonds et des sauts périlleux. Cependant, si dangereux que cela puisse paraître, on n'a pourtant jamais entendu parler d'accidents, de foulure ou d'entorse.

Maquillage pour le rôle du général Kiang Wei

## QUELQUES OBJETS REPRÉSENTATIFS OU SYMBOLIQUES

J'ai déjà dit que sur la scène d'un théâtre chinois les décors sont plus que sobres, et que certaines choses y sont vues en imagination. Il est donc nécessaire de faire supposer la présence de ces choses — qu'on ne se donne pas la peine de représenter en peinture — au moyen d'objets ou de représentations conventionnelles.

Voici quelques exemples :

Le fouet représente le cheval ;

Un drapeau orné d'un poisson représente l'eau ;

Deux drapeaux ornés chacun d'une roue représentent la voiture ;

Un rideau bleu orné de lignes blanches représente le rempart ;

Deux panneaux ornés de rochers représentent la montagne ;

Un paquet cubique enveloppé de soie jaune représente le sceau d'un magistrat ;

Un paquet enveloppé de toile rouge représente une tête humaine ;

Le chasse-mouche est le symbole de la pureté, de la religion et des esprits ;

L'éventail est le symbole de la frivolité et de l'extravagance.

## LES SOURCES DES PIÈCES

Avant de clore cette étude par la publication des gravures chinoises qu'on verra plus loin, je tiens à ajouter quelques mots pour indiquer les différentes sources d'où sont tirées les pièces.

L'histoire de la Chine est, sans conteste, à la base des emprunts d'ordre théâtral ; mais il est plus exact de dire que les romans historiques ont servi d'intermédiaires entre l'histoire et le théâtre, car il existe presque pour chacune des périodes d'histoire un roman intéressant, d'où l'on a extrait des drames. On doit citer comme modèle du genre le *San-kouo-yen-yi* (le roman des trois royaumes).

En regard des romans historiques on trouve des romans de genres très divers : romans d'amour, de voyages, de mœurs sociales, de religions, de mythologie, de superstitions, de brigandages, etc...

La plupart de ces romans sont des chefs-d'œuvre. Tous les Chinois aiment à les lire ou à les entendre lire, si bien que les personnages et événements historiques ou imaginaires leur paraissent toujours récents, réels et familiers, et ils vivent avec eux.

De tous ces romans de natures très variées, se dégage un principe général et prédominant : *le droit prime la force.*

Comme les pièces de théâtre sont tirées de ces romans, le même principe est honoré sur la scène. Ainsi le bon est toujours récompensé, le méchant puni, l'innocent justifié et le coupable exécuté.

Quant aux personnages qui figurent dans les pièces, ils sont tirés de toutes les classes de la société chinoise. Seuls les personnages des pièces de pure fiction sont créés par les auteurs.

## CONCLUSION

Dans l'exposé que je viens d'écrire, j'ai fait connaître aux lecteurs le théâtre chinois dans son ensemble, et je me suis appliqué à le leur montrer sous les trois aspects importants : moral, artistique et musical.

Étant donnée la sévérité des mœurs chinoises, les pièces de théâtre doivent — à quelques exceptions près — être inspirées d'un sentiment élevé, et jamais un drame d'un caractère licencieux ne peut être présenté sur une scène publique sans que la pudeur des spectateurs en soit offensée. Cela va si loin que — contrairement à ce qui se passe en Europe — le sentiment de l'amour ne joue qu'un rôle très effacé dans les pièces, aussi bien la danse proprement dite est-elle une chose inconnue sur la scène. Mais cette absence de l'amour dans le drame n'est pas exclusive à l'égard des rôles féminins importants ; et jamais un programme de théâtre ne manque de donner une pièce avec un personnage féminin en vedette. Seulement ce personnage féminin est généralement un jeune homme travesti.

En raison de ce déguisement et de l'absence presque totale des décors scéniques, l'acteur chinois a un rôle plus difficile à tenir qu'un acteur européen. Sans parler des longues études qu'il doit faire pour arriver à imiter la voix, les gestes, la démarche et les attitudes d'une femme, on conçoit aisément la grande difficulté qu'il a à feindre les sentiments d'un autre sexe.

Quand il s'agit d'ouvrir ou de fermer une porte qui n'existe pas, de faire le simulacre de lancer une pierre, de rouler un fil imaginaire, de coudre une robe inexistante, c'est toujours avec des gestes précis et expressifs que l'acteur inspire un sentiment de réalité aux spectateurs.

Quand il fait semblant de monter sur un cheval ou de le panser, on voit, pour ainsi dire, l'animal. Quand il fait le geste de ramer et de lutter contre les flots, on a la sensation de la résistance de l'eau et des balancements de la barque. Après ceci, est-il exagéré d'affirmer que l'art des gestes est particulièrement développé chez les comédiens chinois ?

Il faut dire aussi que tous les gestes sont secondés par des sons de musique bien combinés qui concordent parfaitement avec chaque mouvement de l'acteur. On peut voir par là quelle est l'importance d'un orchestre dans un théâtre chinois, puisque la musique doit non seulement accompagner le chant d'un personnage, mais encore régler ses pas, ponctuer ses paroles et marquer ses mouvements.

En résumé, on peut dire que la représentation d'une pièce chinoise est une sorte de danse animée de sentiments divers, accompagnée de chants et de dialogues et exécutée aux sons de la musique.

# LES IMAGES POPULAIRES THÉATRALES

Les images reproduites ci-après sont des imprimés très populaires dans le Nord de la Chine. Une fois par an, durant la première quinzaine du premier mois, on en vend partout, dans les boutiques et dans les rues. Mais ces quinze jours passés, on n'en voit plus la trace.

Étant purement commerciales et destinées aux acheteurs de condition modeste, ces illustrations n'ont pas la prétention d'être des œuvres d'art, et leurs auteurs n'y ont pas toujours observé une exactitude rigoureuse.

漁 樵 耕 讀
戴廉增

坐樓

群英會
戴廉增

陷空島

# 取洛陽

戴廉增

# TABLE DES MATIÈRES

*ACHEVÉ D'IMPRIMER SUR
LES PRESSES DE*

NA CHE PAO

16 Kan Yu Hutung

*(Rue de la Pluie bienfaisante)*

A PÉKIN

le 30 Avril 1927, 29e jour de la 2e lune
de l'année du Lapin.

www.ingramcontent.com/pod-product-compliance
Lightning Source LLC
LaVergne TN
LVHW010004230826
846092LV00002B/647